TIERE AFRIKAS

Leben in der Wildnis

Das Zebra

Das Zebra erinnert an ein kleines Pferd, das in einen schwarz-weiß gestreiften Schlafanzug geschlüpft ist. Auch wenn das Streifenmuster auf den ersten Blick bei allen Zebras gleich aussieht, ist es bei jedem Tier anders. Abhängig vom Lebensraum der Herde sind die Streifen unterschiedlich breit und mehr oder weniger eng aneinander. Zebras leben in kleinen Gruppen, die von einem Männchen geführt werden. Oft leben sie mit Gnus und Antilopen zusammen. Zebras bevorzugen als Nahrung eher harte Gewächse, Gnus und Antilopen fressen lieber weiche Pflanzen, sodass sich die Tiere das vorhandene Futter gut teilen können.

Das Fohlen

Die Geburt findet häufig nachts statt. Die Stute beschützt ihr Junges vor Raubtieren wie etwa Hyänen und sorgt dafür, dass es schon bald aufsteht und in ihrer Nähe herumtrabt.

Mit zwei Jahren ist eine Stute erwachsen und verlässt ihre Familie, um sich einer anderen Herde anzuschließen. Dort gründet sie mit einem Hengst eine neue Familie.

Achtung vor Raubtieren!

Löwen greifen Zebras besonders häufig an, wenn diese eine Wasserstelle aufsuchen. Im Allgemeinen beobachten einige Tiere die Umgebung, während die anderen ihren Durst stillen.

Streifen als Schutz

Die Streifen dienen als Tarnung, die vor Angriffen schützt. Wenn sich eine Herde zerstreut, vermischen sich die Streifen, und die Umrisse der Tiere verschwimmen, sodass das Raubtier sein auserkorenes Opfer aus dem Blick verliert. Zugleich ist die Zeichnung ein Erkennungsmerkmal, an dem die Mutter ihr Junges erkennt, der Hengst seine Stuten und ein Familienmitglied das andere. Außerdem, so vermutet man, bildet das gestreifte Gewand auch einen Schutz vor der Tsetse-Fliege, die für ihre Stiche einfarbige Oberflächen bevorzugt.

Die Kämpfe der Hengste

Kämpfe unter Zebras sind selten, doch in der Paarungszeit kämpfen die Hengste um die Stuten. Dabei richten sie sich voreinander auf, und es kommt auch zu Bissen und Tritten. Am Ende gibt der Schwächere auf.

Wenn Zebras ein Raubtier bemerken, ergreifen sie die Flucht. In Panik können sie über eine längere Strecke mehr als 40 km/h laufen.

Ältere oder verwundete Tiere sowie trächtige Stuten sind am meisten gefährdet. Doch ein Zebra kann sich auch verteidigen. Es schlägt aus und kann mit einem Huftritt den Kiefer einer Löwin zerschmettern.

Das Nashorn

Das Nashorn gehört nach dem Elefanten zu den größten Landsäugetieren. Es kann bis zu 3 t schwer werden! Abgesehen vom Schwanzende und von den Ohrenspitzen ist sein Körper gänzlich unbehaart. Trotz seiner kurzen Beine kann das Nashorn sehr schnell laufen, wenn es in Wut gerät. Die Jungtiere haben bei der Geburt noch keine Hörner und können fast sofort laufen. In Afrika leben zwei Nashornarten. Seit jeher werden die Tiere wegen ihrer Hörner gejagt. Heute stehen sie zwar unter Schutz, sind jedoch durch Wilderei stark vom Aussterben bedroht.

Das Nashorn in Wut

Das Nashorn sieht schlecht und wird zudem von seinen Hörnern behindert. Sein Geruchssinn hingegen ist sehr gut entwickelt, und es hat ein feines Gehör. Wird es von einem ungewöhnlichen Geräusch oder Geruch überrascht, macht es sich zum Angriff bereit und stürzt geradeaus los. Dabei kann es ebenso auf einen Baum, ein Gebüsch oder einen vorbeifahrenden Lastwagen prallen.

Nashörner lieben das Wasser und wälzen sich häufig im Schlamm. Wenn dieser getrocknet ist, bildet er eine Kruste, die die Haut vor Insektenstichen schützt.

Nashörner besitzen zwei Hörner. Das größere kann über 1,40 m lang werden.

Vögel als gute Begleiter

Häufig sitzen mehrere Vögel auf dem Rücken des Nashorns. Ihnen kommt eine ganz besondere Aufgabe zu: Sie befreien das Tier von Fliegen und anderen lästigen kleinen Lebewesen. Bestimmte Vögel wie der Madenhacker sind darüber hinaus in der Lage, vor einer Gefahr zu warnen.

Die Feinde des Nashorns

Das Nashorn fürchtet sich vor keinem anderen Tier. Fleischfresser wie der Löwe in Afrika oder der Tiger in Asien können ihm wegen seiner beeindruckenden Ausmaße, der dicken Haut und kräftigen Hörner nichts anhaben. Nur für Jungtiere sind Löwen und Hyänen eine Bedrohung, doch oft genügt ein Angriff von Mama Nashorn, um die ungebetenen Gäste zu vertreiben. Der einzige Feind des Nashorns ist der Mensch.

Nashörner werden wegen ihrer Hörner gejagt, die zu Pulver oder zu Dolchgriffen verarbeitet werden. Wegen der starken Bejagung durch Wilderer sind die Nashörner vom Aussterben bedroht. Zuweilen entfernen Tierschützer die Hörner, um die Tiere zu retten, allerdings wachsen sie nach. Manchmal verlieren die Tiere ihre Hörner auch, etwa bei den heftigen Kämpfen der Bullen während der Paarungszeit.

Wenn Nashörner zum Angriff ansetzen, können sie eine Geschwindigkeit von 45 km/h erreichen und von einem Augenblick zum anderen die Richtung wechseln.

Eine achtsame Mutter

Nach 15 Monaten Tragzeit kommt ein Junges von 40 kg zur Welt. Nach einigen Wochen nimmt es feste Nahrung zu sich, auch wenn die Kuh es etwa zwei Jahre lang säugt. Beim Herumlaufen oder Spielen entfernt sich das Jungtier nie weit von der Mutter.

Nashörner ernähren sich vor allem von Pflanzen und Sträuchern. Weil Gräser, Zweige und Blätter aber wenig nahrhaft sind, müssen sie davon große Mengen zu sich nehmen.

Das Flusspferd

Wie der Elefant und das Nashorn ist auch das Flusspferd ein Dickhäuter. Es wiegt etwa 3 t. Sein Geruchssinn und seine Sehkraft sind sehr gut ausgebildet. Während die Bullen miteinander kämpfen, verstehen sich die weiblichen Tiere gut miteinander. Manchmal vertraut eine Kuh der anderen sogar ihr Junges an.
Eine Herde besteht aus über 20 Tieren. Wenn sie weiterwandert, wird sie von einem Bullen geführt, der den Ort mit der besten Nahrung für alle auswählt. Flusspferde leben in Afrika südlich der Sahara-Wüste. Sie verbringen ihre Tage im Wasser oder in Gewässernähe.

Raufbolde

Die ausgewachsenen Bullen liefern sich häufig heftige Kämpfe. Die Abdrücke in der Haut zeugen vom Einsatz der Eckzähne, die bis zu 60 cm lang und spitz wie Dolche sein können.

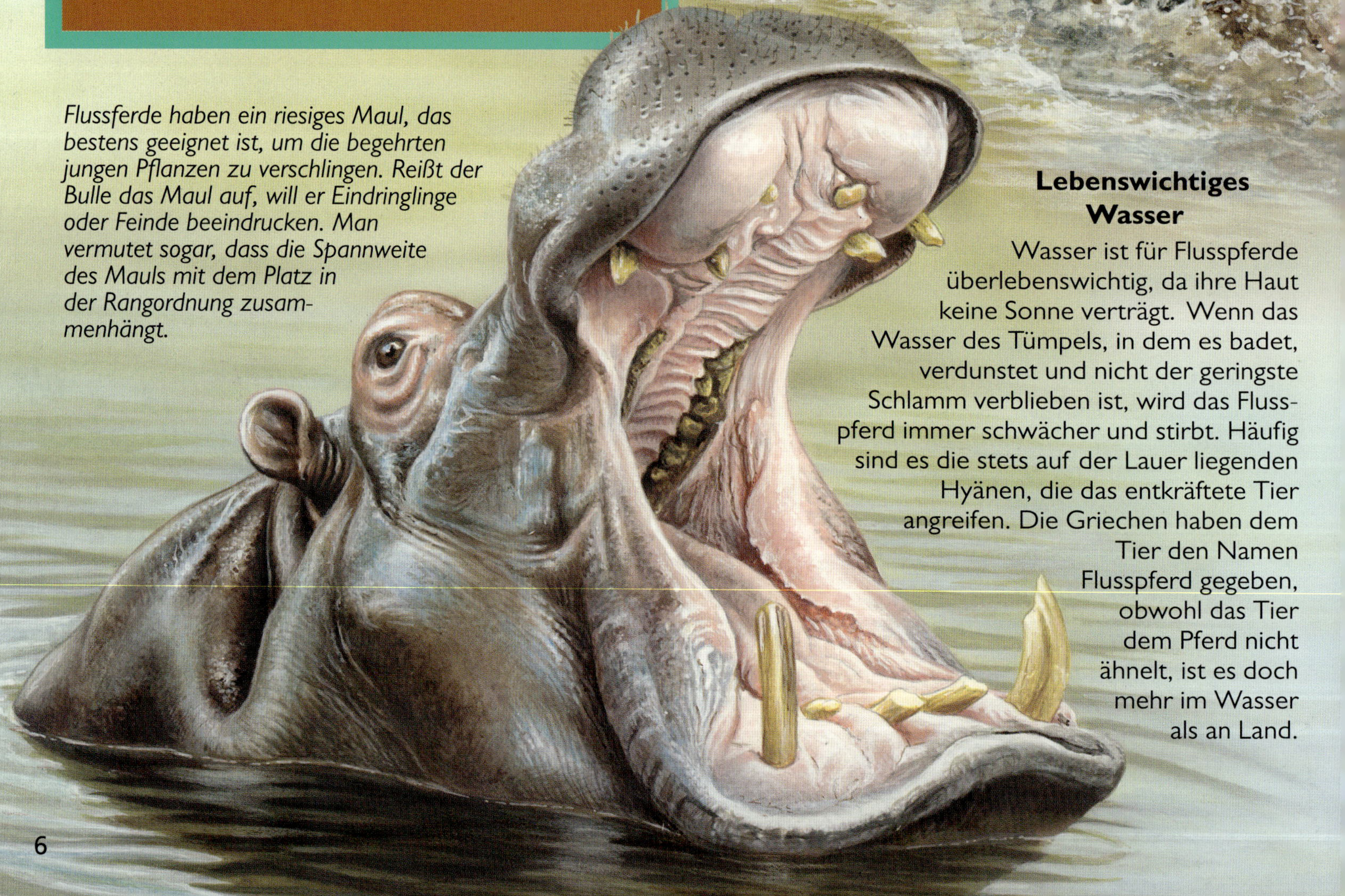

Flussferde haben ein riesiges Maul, das bestens geeignet ist, um die begehrten jungen Pflanzen zu verschlingen. Reißt der Bulle das Maul auf, will er Eindringlinge oder Feinde beeindrucken. Man vermutet sogar, dass die Spannweite des Mauls mit dem Platz in der Rangordnung zusammenhängt.

Lebenswichtiges Wasser

Wasser ist für Flusspferde überlebenswichtig, da ihre Haut keine Sonne verträgt. Wenn das Wasser des Tümpels, in dem es badet, verdunstet und nicht der geringste Schlamm verblieben ist, wird das Flusspferd immer schwächer und stirbt. Häufig sind es die stets auf der Lauer liegenden Hyänen, die das entkräftete Tier angreifen. Die Griechen haben dem Tier den Namen Flusspferd gegeben, obwohl das Tier dem Pferd nicht ähnelt, ist es doch mehr im Wasser als an Land.

Die Mutter und ihr Junges

Nach acht Monaten Tragezeit entfernt sich das Muttertier von der Gruppe, um sein Junges auf die Welt zu bringen. Das Junge, das bereits 30 kg wiegt, läuft schon kurz nach der Geburt hinter der Mutter her und nimmt sein erstes Bad. Beim Säugen taucht es, ohne zu atmen. Etwa 10 Tage bleiben Mutter und Junges unter sich, bevor sie wieder zu ihrer Gruppe stoßen.

Der Kindergarten der Flusspferde

Ist das Junge bei ihr, behält die Kuh es immer im Auge. Manchmal vertraut sie es aber auch der Großmutter oder einer Tante an. Die Jungtiere gehen bis zum Alter von sechs bis acht Monaten in ihren „Kindergarten“: Eine Kuh beobachtet sie, während sie schlafen oder im Fluss spielen. Verlässt die Aufpasserin ihren Platz, wird sie durch eine andere ersetzt.

Das Zusammenleben

Der besonders in Tümpeln sehr beengte Lebensraum erfordert klare und strenge Regeln für das Zusammenleben. Kühe und Junge halten sich in der Mitte auf, beschützt von den Bullen ringsum. Missachtet ein Tier diese „Anstandsregeln“, verstößt es etwa gegen die Rangordnung oder die geforderte Unterwerfung gegenüber einer Kuh, wird es von den Bullen mit Bissen zurechtgewiesen.

Der Tagesablauf eines Flusspferds

Das Flusspferd verbringt seinen Tag im Wasser. Seine Nasenlöcher, Augen und Ohren sitzen so am Kopf, dass sie über die Wasseroberfläche hinausragen, auch wenn das Flusspferd fast vollständig unter Wasser ist. So kann es die Umgebung beobachten. Das Flusspferd schwimmt, bewegt sich aber auch auf dem Flussgrund laufend fort. Es kann über mehrere Minuten unter Wasser bleiben, wobei es seine Nasenlöcher und Ohren verschließt. Während des Tages frisst das Flusspferd nur wenige Wasserpflanzen. Es verlässt das Wasser am Tagesende, wenn die Sonne nicht mehr so brennt, und geht auf Nahrungssuche. Etwa 60 kg an Gräsern frisst ein Tier pro Tag!

Direkt nach der Geburt lernt das Junge zu schwimmen, wobei es immer in Kontakt zur Mutter bleibt. Nähern sich Krokodile, bringt es sich auf ihrem Rücken in Sicherheit. Es verweilt dort jedoch nicht lange, da die Sonne zu sehr brennt.

Das Gnu

Vor langer Zeit wurde die afrikanische Savanne von großen Gnu-Herden bevölkert. Heute sind sie weniger zahlreich. Je nach Lebensgebiet haben Gnus unterschiedliche Verhaltensweisen. In feuchten Gebieten leben die Bullen getrennt von den Kühen und ihren Jungtieren in eigenen Herden. In diesen Gegenden wandern die Herden nur wenig. In trockenen Gegenden hingegen müssen Gnus lange Strecken zurücklegen, um feuchtere Gebiete und damit mehr Nahrung zu finden. So kommt es zu den jährlichen beeindruckenden Massenwanderungen.

Gnus durchqueren Flüsse immer an denselben Stellen. Die seit Generationen benutzten Routen sind steil und gefährlich. An solchen Engstellen können Panik und Geschiebe dazu führen, dass viele Gnus sterben.

Unter strenger Beobachtung

Das Jungtier bleibt an der Seite der Mutter, bis diese erneut gebärt. Die Geburten erfolgen zu der Jahreszeit, in der Gräser im Überfluss wachsen. Die Jungtiere müssen gut bewacht werden, da die Hyänen nur auf einen Moment der Unachtsamkeit seitens des Muttertieres warten, um anzugreifen. Wenn das Gnu Dürrezeiten und die Angriffe von Feinden übersteht, kann es bis zu 20 Jahre alt werden.

Die großen Wanderungen

Während der Trockenzeiten begeben sich die Gnus auf Nahrungssuche. Anfang Juni geben die älteren Kühe das Zeichen zum Aufbruch. Die Herden bilden lange Kolonnen von mehreren Kilometern. Ein beeindruckendes Schauspiel! Alle Tiere streben voran, als würden sie von etwas angelockt. Kein Hindernis hält sie auf.

Viele Tiere sterben während der strapaziösen Wanderungen. Gnus können über Tage hinweg weite Entfernungen zurücklegen. Manche laufen bis zu 50 km pro Tag. Die zurückgelegte Strecke ist abhängig vom Nahrungsangebot. Sobald in der verlassenen Region die feuchte Jahreszeit Einzug hält, kehren die Tiere wieder zurück.

Wenn ein Tier das Pech hat, beim Ausstieg aus dem Wasser ins Straucheln zu geraten, wird es von den folgenden Gnus zu Tode getrampelt. Gnus sind gute Schwimmer und Kletterer. Dennoch verenden viele bei den Flussüberquerungen, weil sie im Schlamm versinken, von anderen Tieren zerquetscht oder von den im Wasser wartenden Krokodilen gefressen werden.

Die Feinde der Gnus

Die Hauptfeinde der Gnus sind Raubtiere und Krokodile, die sich vor allem auf verletzte oder von der Herde getrennte Tiere stürzen. Reptilien, Fische und Vögel vertilgen die Reste der während der Wanderung verendeten Gnus. Nach einigen Wochen ist keine Spur mehr zu sehen. Die Herde erneuert sich rasch.

Die Gazelle

Diese anmutigen Säugetiere haben einen schlanken Körper und lange, dünne Beine. Sie machen Sprünge von mehreren Metern, manchmal mehrmals hintereinander. Ihr Maul erinnert an das der Ziegen, ist jedoch länglicher. Gazellen verfügen über ein hervorragendes Sehvermögen. Sie leben in Herden und ernähren sich von Gräsern und Buschwerk. Während der Trockenzeit kommen sie lange ohne Wasser aus. Nach der Geburt versteckt das Muttertier das Junge so lange, bis es sich aufrecht halten kann. Manchmal frisst es sogar den Kot und trinkt den Urin des Jungen, damit keine Spuren zurückbleiben.

Die Vielfalt der Gazellen

Es gibt eine große Vielfalt an Gazellenarten, doch sie sehen sich alle sehr ähnlich. Unterscheiden kann man sie an der Form der Hörner. Manche haben gerade, andere s-förmige Hörner. Die der Männchen sind länger als die der Weibchen. Gazellen können ausgezeichnet sehen und Feinde aus Hunderten Metern Entfernung ausmachen.

Die beweglichen Gazellen können beeindruckende Sprünge von 2 m Höhe, manche Arten sogar von 4 m Höhe machen.

Immer schön vorsichtig!

Wollen Gazellen trinken, halten sie einige Meter vor der Wasserstelle inne. Eine kleine Gruppe nähert sich dem Wasser, um anschließend zur Herde zurückzukehren. Hat sich nach mehreren solcher Vorstöße kein Raubtier gezeigt, sucht die Herde gemeinsam die Wasserstelle auf.

Achtung Gefahr!

Zu den Feinden der Gazellen zählen Löwen, Leoparden, Hyänen und Geparden. Obwohl sie mit ihren langen Beinen schnell laufen können, entkommen sie ihren Feinden oft nicht. Häufig halten Gazellen in der Flucht inne, um ihren Verfolger zu beobachten, anstatt sich so schnell wie möglich zu entfernen.

Leoparden legen erbeutete Gazellen häufig in Bäumen ab, um sie dann in Ruhe aufzufressen.

Revierkämpfe

Um ihr Revier zu verteidigen, liefern sich die Männchen erbitterte Kämpfe. Anschließend paaren sie sich mit den Weibchen, die das errungene Territorium durchqueren. Die neugeborenen Gazellen können sich nicht gleich aufrichten. Sie bleiben einige Tage im hohen Gras liegen, während ihre Mutter sie säugt. Da sie keinen Geruch verströmen, locken sie keine Feinde an.

Der Elefant

Der Elefant ist das größte Landtier. Er kann mehr als 7 t wiegen und 4 m hoch werden. Dabei hört er während seines ganzen Lebens nicht auf zu wachsen. Mit seinen kleinen Augen sieht er schlecht, besonders tagsüber. Er riecht und hört aber sehr gut, selbst für das menschliche Gehör nicht wahrnehmbare Laute. Elefanten leben in Herden, deren Zusammenhalt überlebenswichtig ist. Die von einer älteren Elefantenkuh geführte Herde ist ständig auf Wanderung – auf der Suche nach Wasser und Nahrung. Im Alter von ca. zehn Jahren verlassen die Bullen die Herde. Sie leben allein oder in kleinen Gruppen mit anderen Bullen zusammen.

Die Geburt der kleinen Elefanten

Meistens gebärt die Kuh alle vier Jahre ein Junges. Nach 22 Monaten Tragezeit kommt ein kleiner Elefant von bis zu etwa 100 kg Gewicht zur Welt.

Ein Rüssel mit verschiedenen Funktionen

Der Elefantenrüssel ist eine rohrförmige Verlängerung der Oberlippe und Nase – und ein wunderbares Werkzeug. Er dient dem Elefanten als Schlauch, um sich mit Wasser, Staub oder Schlamm zu bespritzen. Er dient ihm als Hand, um seine Nahrung, Früchte und Blätter, zu greifen. Er dient ihm als Arm, um ein bedrohliches Raubtier zu packen und in die Luft zu schleudern oder Baumstämme zu tragen, wenn er für den Menschen arbeitet, was für das Tierwohl immer kritischer gesehen wird. Er dient ihm als Trompete, um sich zu verständigen, und als Nase, um zu atmen.

Der Elefant ist ein Vielfraß: Er verspeist 160 kg Nahrung pro Tag. Auf diese Weise kann er den Bewuchs einer Region grundlegend verändern, besonders in der Trockenzeit. Er reißt Grasbüschel aus, entwurzelt junge Bäume und reißt die Rinde ab.

Eine geschlossene Gruppe

Eine Elefantenherde besteht aus 10 bis 20 Kühen und jungen Bullen, die noch keine zehn Jahre alt sind. Angeführt wird die Herde von dem ältesten Weibchen, der Leitkuh. Mit ihrem hervorragenden Gedächtnis erinnert sie sich an Wasserstellen und die besten Weideflächen. Das Wohl der Gruppe ist eng mit der gegenseitigen Hilfe verknüpft. Nie wird ein junges oder verletztes Tier im Stich gelassen. Die gesamte Herde sorgt für seinen Schutz.

Von den erwachsenen Tieren aufgezogen, gewöhnt sich das Jungtier daran zu gehorchen. Dies ist während der Wanderung der Herde sehr wichtig. Dann wird es zu seinem Schutz von den Kühen umringt und beobachtet. Es ergreift mit seinem Rüssel den Schwanz des Vordermanns.

Elefanten sind auf Wasser angewiesen. Sie bespritzen sich häufig und wälzen sich im Schlamm, um sich vor Insektenstichen und Verbrennungen durch die Sonne zu schützen.

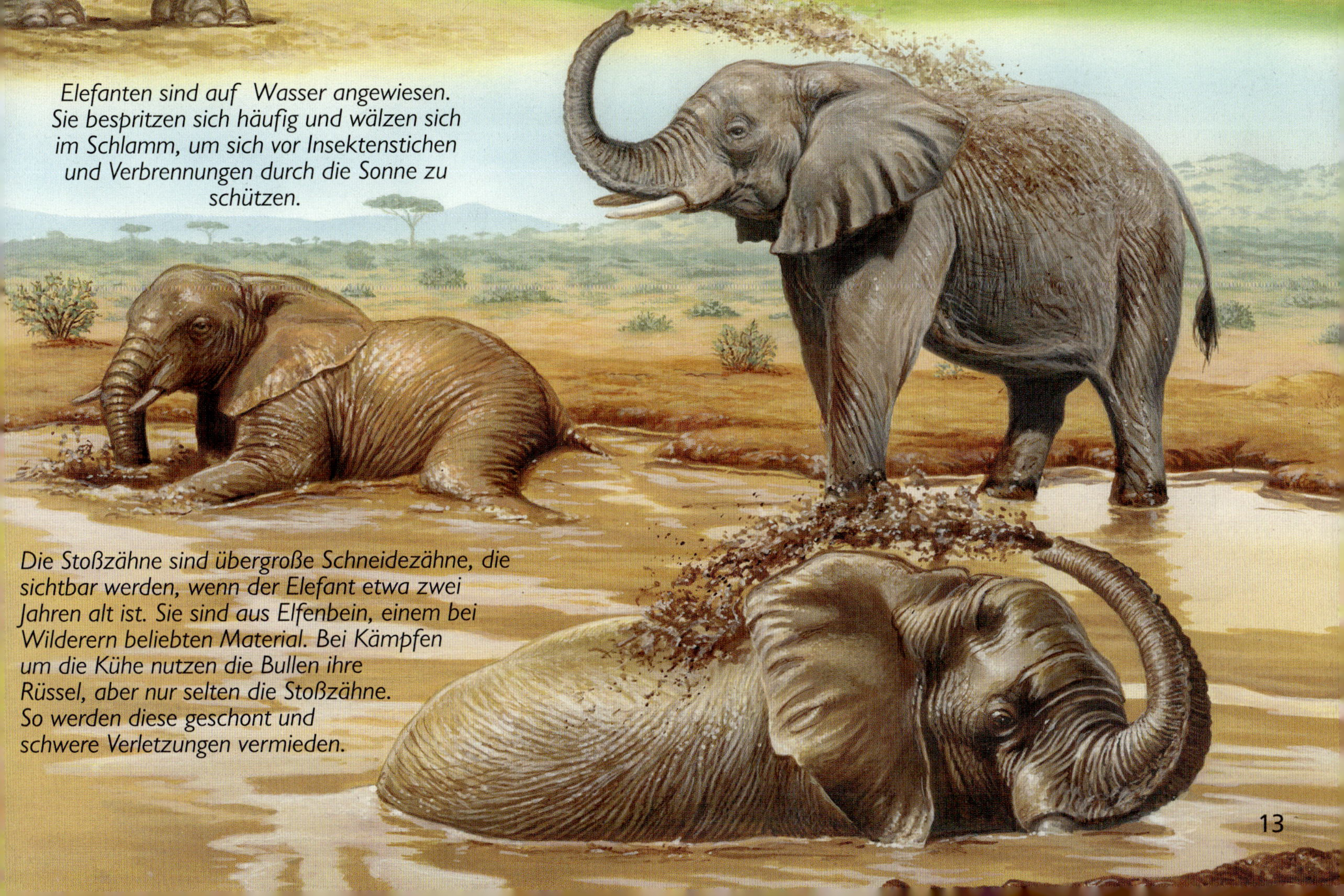

Die Stoßzähne sind übergroße Schneidezähne, die sichtbar werden, wenn der Elefant etwa zwei Jahren alt ist. Sie sind aus Elfenbein, einem bei Wilderern beliebten Material. Bei Kämpfen um die Kühe nutzen die Bullen ihre Rüssel, aber nur selten die Stoßzähne. So werden diese geschont und schwere Verletzungen vermieden.

Die Giraffe

Die Giraffe ist das höchste Tier der Erde. Sie hat einen langen Hals und einen kleinen, schlanken Kopf mit zwei Hörnern. Ihr helles Fell mit den dunkelbraunen Flecken ist eine gute Tarnung. Jede Giraffe hat ein einzigartiges Fleckenmuster. Häufig sind sie von Zebras oder Büffeln umgeben, denn mit ihrer Ruhe und Friedfertigkeit erzeugen sie keine Panik unter den Tieren. Dennoch können sie einen Löwen oder eine Hyäne mit einem Tritt töten. Bei Gefahr ergreifen Giraffen die Flucht, Jungtiere fallen jedoch häufig Raubtieren zum Opfer.

Eine anstrengende Haltung

Die Beine der Giraffe sind länger als ihr Hals, der sehr starr ist und sich nicht leicht beugen lässt. Daher muss die Giraffe zum Trinken die Vorderbeine spreizen. In dieser Position ist sie sehr verletzlich. So trinkt sie nicht öfter als alle zwei bis drei Tage und selten allein. Nach jedem Schluck hebt sie wachsam den Kopf.

Die Geburt einer Giraffe

Die Giraffe legt sich zur Geburt nicht hin, sondern bleibt aufrecht stehen. Das Junge fällt aus der Höhe auf den Boden, verletzt sich dabei jedoch im Allgemeinen nicht. Dann leckt das Muttertier das Junge ab, um es zu beruhigen, und hilft ihm, sich aufzurichten. Sobald das Junge laufen kann, versteckt die Mutter es im Gebüsch, damit es vor Löwen geschützt ist. Sie säugt es mehrmals am Tag, doch schon bald knabbert das Kleine Blätter. Die Giraffe ist das einzige Tier, das mit Hörnern geboren wird. Fast zwei Jahre lang folgt das Jungtier der Mutter und wird von ihr gesäugt.

Die Akazien haben Tricks entwickelt, um den Zähnen der Giraffen zu entkommen. Bis zur Höhe der langen Giraffenhälse sind sie von Dornen bedeckt und beherbergen zudem Ameisen. Beides reizt das Maul der Giraffe und verdirbt ihr den Appetit.

Ein praktischer Hals

Dank ihres langen Halses und der langen Beine kann die Giraffe die Blätter in den Wipfeln der Bäume erreichen. Ihre Lieblingsspeise sind Akazienblätter. Ihre Zunge ist so lang, dass die Giraffe sie einrollen muss, um sie ganz ins Maul zu bekommen. Doch mit ihr kommt sie leichter an die Blätter heran.

Männliche Giraffen können eine Höhe von über 5 m erreichen.

Der Kampf um die Giraffenkühe

Der Giraffenbulle hat kein eigenes Revier. Die Rangordnung wird in ritualisierten Kämpfen festgelegt. Huftritte sind verboten, hingegen wird der Rivale mit heftigen Kopfstößen auf Schädel und Körper bearbeitet. Der Schwächere flüchtet. Der kräftigste Bulle paart sich dann mit allen Kühen, die das Gebiet durchqueren.

Die Raubkatzen

Die Raubkatzen stehen an der Spitze der Nahrungskette. Sie haben keine natürlichen Feinde. Als Nahrung dienen ihnen Pflanzenfresser und Nagetiere. Es kommt allerdings vor, dass ein Löwe oder eine Hyäne auch einen Gepard oder Serval frisst. Vor den Farben ihrer Heimat, den von der Sonne gelb gewordenen Gräsern der Savanne, sind die Raubtiere kaum auszumachen. Raubkatzen haben ein großes Sichtfeld, ein feines Gehör und kräftige Kiefer. Dank ihrer starken Schultermuskeln können sie ausgezeichnet springen.

Der Leopard

Er bevorzugt Flussufer und Regionen mit dichtem Gräser- oder Baumbewuchs. Hier bleibt der Leopard unentdeckt, denn sein Fell ist eine gute Tarnung. Bei der Jagd liegt er auf der Lauer, schleicht sich lautlos an, macht einen Satz, bricht seiner Beute das Genick und trägt sie auf einen Baum. Mit seinen langen Reißzähnen zerlegt er das Fleisch. Er bleibt ein bis zwei Tage auf dem Baum, um sein Mahl in Ruhe zu beenden.

Der Löwe

Der Löwe ist die größte Raubkatze Afrikas. Er wird auch „König der Tiere“ genannt. Die majestätische Mähne und sein muskulöser Körper verleihen dem Männchen ein imposantes Aussehen.

Mithilfe seiner starken Krallen klettert der Leopard ohne Probleme auf Bäume.

Der Serval

Der Serval ist kleiner als seine Verwandten, die Leoparden und Geparde, doch nicht weniger elegant. Er jagt als Einzelgänger in der Dämmerung. Seine Nahrung besteht aus Kleinwild wie Nagetieren oder Vögeln.

Der Gepard

Diese Raubkatze ist im Sprint unschlagbar. Der Gepard erreicht auf einer Strecke von 500 m eine Geschwindigkeit von 120 km/h. Doch oft entkommt ihm seine Beute, da er sehr schnell außer Atem gerät. Er jagt morgens oder abends und nähert sich seiner Beute vorsichtig, bevor die anstrengende Verfolgungsjagd beginnt. Zunächst verpasst der Gepard seinem Opfer einen Pfotenhieb, dann ergreift und erwürgt er es mit seinem starken Kiefer. Nach der Jagd ist er erschöpft und somit verletzlich: Er könnte seine Beute nicht gegen einen hungrigen Pavian oder Löwen verteidigen.

Der Gepard ist ein Einzelgänger. Männchen und Weibchen bleiben nur in der Paarungszeit beieinander. Im Allgemeinen sind sich Geparden über mehrere Jahre treu. Das Weibchen bringt drei bis vier Junge zur Welt.

Kleine Löwen in der Ausbildung

Ein Löwe kümmert sich wenig um seine Jungen. Es sind die Löwinnen, die sie ernähren und erziehen. Sie bringen ihnen auch das Jagen bei. Ab einem Alter von dreieinhalb Monaten folgen die Jungtiere den Löwinnen und beobachten sie beim Verfolgen der Beute. Erst mit zwei Jahren jagen sie allein.

Die Aasfresser

Sie gelten als die Müllmänner der Natur. Ihnen kommt eine wesentliche Rolle zu: Indem sie tote Tiere, oft die Reste der Mahlzeiten anderer Raubtiere, fressen, säubern sie die Umwelt und verhindern die Vermehrung von Bakterien, die auf verwesendem Fleisch entstehen. Der Schakal gehört zur selben Familie wie der Hund. Heute lebt er vor allem in Afrika. Aufgrund ihres struppigen Fells, ihren nicht gerade wohlklingenden Lauten und dem niedrigen Hinterleib hat man die Hyäne lange Zeit als einen simplen Aasfresser betrachtet, obwohl sie auch und vor allem ein intelligentes Raubtier ist, das auch selbst jagt.

Schakale fressen die Reste

Schakale fressen die Reste, die die Raubtiere übrig gelassen haben, aber sie sind auch in der Lage, im Rudel zu jagen. Sie verfolgen ihr Beutetier, bis es erschöpft ist. Dann fallen sie es an und beißen ihm in die Kehle oder in den Bauch. Normalerweise gehen sie nachts auf Nahrungssuche und zögern auch nicht, in Dörfer einzudringen, um den Müll zu durchforsten, wenn sie nichts anderes zum Fressen finden.

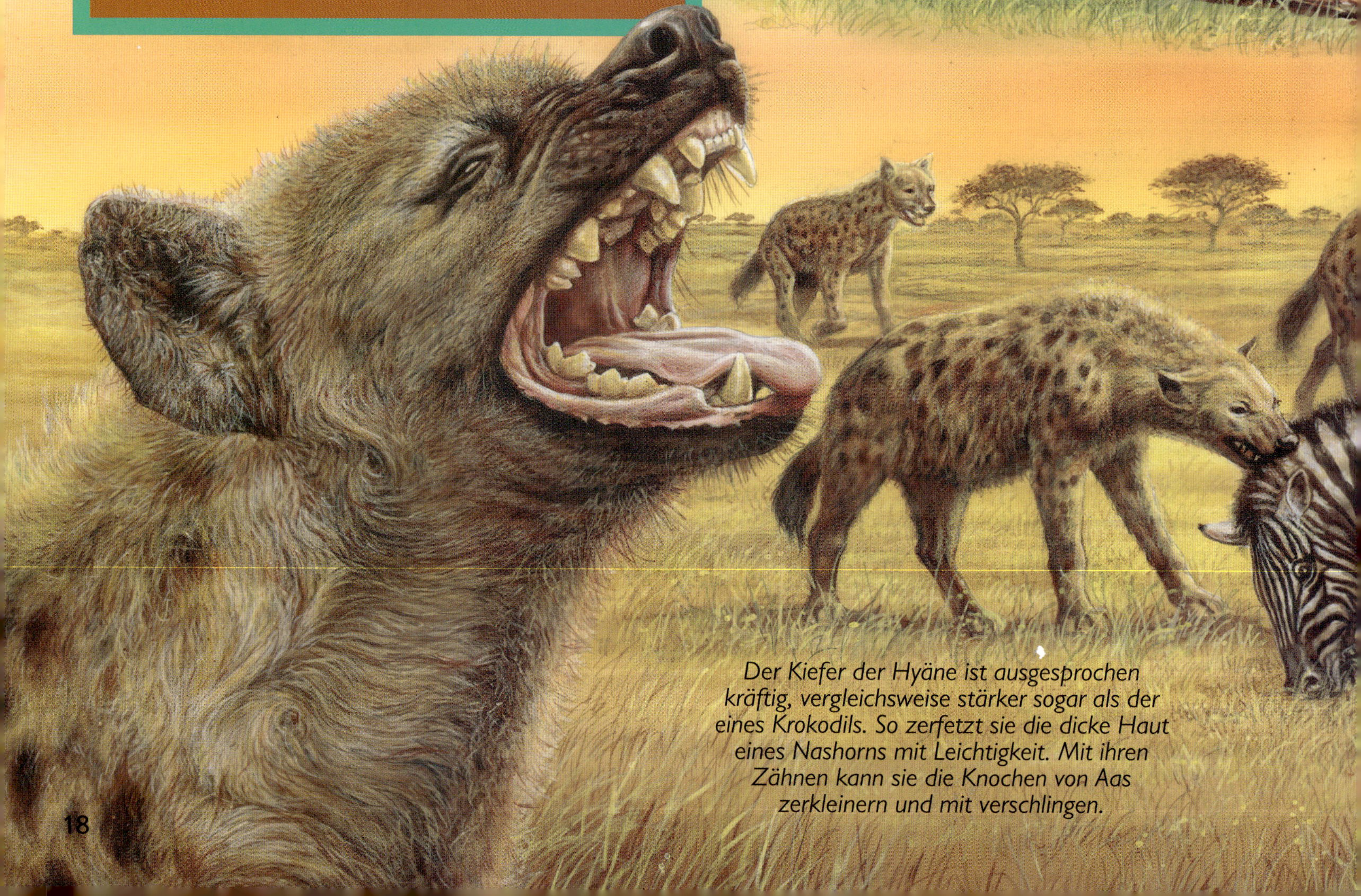

Der Kiefer der Hyäne ist ausgesprochen kräftig, vergleichsweise stärker sogar als der eines Krokodils. So zerfetzt sie die dicke Haut eines Nashorns mit Leichtigkeit. Mit ihren Zähnen kann sie die Knochen von Aas zerkleinern und mit verschlingen.

Das Familienleben der Schakale

Jedes Paar lebt auf einem klar abgegrenzten Territorium, das es verteidigt. Kämpfe sind selten, da die Gebiete gegenseitig respektiert werden. Zum Gebären graben die weiblichen Tiere eine Höhle. In der Regel besteht ein Wurf aus zwei bis sieben Jungen. Bei der Geburt sind diese taub und blind. Werden sie älter, sind sie verspielt und lernen im Spiel, zu kämpfen und zu jagen.

Schelmische Junge

Die jungen Schakale machen ein ganz schönes Theater, wenn sie Hunger haben: Sie winseln, rollen sich auf dem Boden herum, wedeln dabei mit dem Schwanz und reiben sich an der Schnauze der Eltern.

Der Schakal fängt Hasen, Vögel, Mäuse, Eidechsen und Insekten. Wenn er seine Beute nicht gleich fressen kann, vergräbt er sie.

Hyänen jagen in der Gruppe

Wenn es Nacht wird, verlassen die Hyänen ihren Bau, suchen sich ein Beutetier und bedrängen es. Sie verfolgen und beißen ihre Beute bis zur Erschöpfung. Sie können selbst einen Löwen oder eine Löwin so einschüchtern, dass diese von ihrer Beute ablassen.

Das Rudel wird von einem Weibchen angeführt, das seine Stellung an den weiblichen Nachwuchs vererbt. Die Männchen sind kleiner und dem Weibchen untergeordnet.

Die Vögel

Die Savanne Afrikas beherbergt mehr als tausend Vogelarten. Die Tiere versammeln sich häufig an Wasserstellen, Seen oder Tümpeln. Einige lassen sich auf Bäumen nieder und bauen ihre Nester in den hohen Ästen der Akazien, wie zum Beispiel der Siedelweber, andere durchstreifen die Ebene mit großen Schritten wie der Strauß. Groß oder klein, im Schwarm oder als Einzelgänger lebend, Körner-, Insekten- oder Aasfresser – die Savanne versammelt ganz unterschiedliche Vogelarten.

Der Siedelweber ist mit etwa 14 cm ein kleiner Vogel. Er besiedelt den Süden Afrikas und ernährt sich vor allem von Insekten. Er kommt mit wenig Wasser aus.

Das „Hotel“ des Siedelwebers

Siedelweber leben in Kolonien. Ihre Nester bauen sie während der Regenzeit in den Wipfeln der Akazien. Dabei verweben sie lange Grashalme und pflanzliche Fasern. Das Besondere ihrer Nester sind die Ausmaße: Sie können 200 Tiere beherbergen und sind bis zu 7 m groß und 4 m hoch. Wie in einem Mietshaus hat jedes Pärchen seine Wohnung mit eigenem Eingang.

Der Strauß

Der Strauß ist der größte und höchste Vogel der Welt. Männchen werden bis zu 2,50 m, Weibchen bis zu 2 m hoch! Die Küken sind vergleichsweise winzig und stellen eine leichte Beute für Schakale und Hyänen dar. Aus diesem Grund werden sie von den Elterntieren nicht aus den Augen gelassen.

Der Südliche Hornrabe

Er lebt in klar organisierten Gruppen von zwei bis zwölf Vögeln. Die „Arbeiter“, in der Regel die Männchen, verteidigen das Territorium und umgeben das dominante Paar, dem das Brüten vorbehalten ist. Obwohl er fliegen kann, bewegt sich der Südliche Hornrabe in seinem riesigen Revier meistens zu Fuß. Er ist stets auf der Suche nach Nahrung, die aus Insekten und Kleintieren besteht.

Der Marabu

Dieser große Vogel, der an Kopf und Hals nackt ist, lebt bevorzugt in der Nähe von Seen und Tümpeln. In der Savanne ernährt er sich von Insekten, Fröschen, kleinen Säugetieren und Aas. Sein Nest baut er in Felsen oder Bäumen. Die Elternvögel brüten abwechselnd zwei bis drei Eier aus. Die Küken schlüpfen nach einem Monat.

Ein Vogel, der läuft

Der Strauß fliegt nicht. Dafür kann er dank seiner langen, muskulösen Beine, die in zwei Zehen enden, bei der geringsten Gefahr in einem Tempo von mehr als 70 km/h fliehen.

Zur Paarungszeit versammeln sich mehrere Weibchen um ein Männchen. Alle legen ihre Eier in dasselbe Nest, tagsüber bebrütet ein Weibchen alle Eier. Nachts wird es vom Männchen abgelöst. Ein Straußenei wiegt so viel wie 25 Hühnereier! Das Küken braucht einige Tage, um die Eierschale aufzubrechen.

Der Geier

Wie alle Greifvögel ernährt sich der Geier von Fleisch. Er hat einen gebogenen Schnabel, stark ausgebildete Krallen und ist tagaktiv. Seine Flügel sind riesig, doch da er 7 kg auf die Waage bringt, fällt ihm das Fliegen schwer, wenn er nicht die warmen Aufwinde nutzt, um sich in die Lüfte zu erheben. Aus diesem Grund wartet er, bis sich die Luft in der Savanne erwärmt hat, und steigt später am Vormittag auf. Er gleitet am Himmel dahin und hält nach Nahrung Ausschau. Der Schrei eines Geiers ist nicht besonders wohlklingend: Er pfeift und kläfft eher, als dass er singt.

Eine ausgezeichnete Sehkraft

Geier steigen sehr hoch in den Himmel, um ein größeres Gebiet überblicken zu können. Mit ihren scharfen Augen können sie aus großer Entfernung einen Kadaver oder andere Geier ausmachen, die sich ein Aas, also ein verwesendes Tier, teilen.

Fressen andere bereits an einem Kadaver, versucht der Neuankömmling, sie im Anflug mit gesenktem Kopf zu vertreiben.

Ein Hals ohne Federn

Man erkennt den Geier an seinem federlosen Kopf und Hals. Dies erlaubt ihm, die Überreste toter Tiere zu durchstöbern. Sein gebogener Schnabel dient zum Abreißen des Fleisches vom Kadaver.

Die Fortpflanzung

Manchmal bauen Geier ihre Nester in Bäumen, meistens jedoch in Felslöchern. Sie benutzen Äste, Gräser und Moos. Weibchen und Männchen bauen das Nest gemeinsam. Sie bleiben lebenslang ein Paar. Das Weibchen legt meistens nur ein Ei, das von beiden ausgebrütet wird. Wenn das Küken nach mehreren Stunden geschlüpft ist, ist es noch komplett mit Daunen bedeckt. Das Federkleid entwickelt sich erst im Alter von etwa zwei Monaten.

Geier sind misstrauisch. Manchmal verweilen sie einige Minuten bewegunslos vor einem Stück Aas, bevor sie sich darauf stürzen, um sicherzugehen, dass keine Gefahr droht.

Müllmänner der Natur

Wie andere Aasfresser (siehe S. 18) sind Geier sozusagen die „Müllmänner“, weil sie die Natur von Tierkadavern befreien. Dies verhindert auch, dass sich manche schädliche Tierarten wie Fleischfliegen ausbreiten. Geier sind also nützliche Tiere. Wenn sie eine zurückgelassene Beute ausmachen, umkreisen sie diese sofort. Die stärksten Tiere fressen zuerst, für die Schwächeren bleiben nur die Reste. Wenn die Geier ihre Mahlzeit beendet haben, ist außer den Knochen des toten Tieres nichts mehr übrig.

1 In Afrika sind viele Tiere zu Hause.

Wem gehört welches Fell bzw. welche Haut?

B

C

A

D

❶ Wozu benutzt der Elefant seinen Rüssel? Drei Antworten sind richtig!
a) Um Gras und Blätter zum Maul zu führen.
b) Um laut zu trompeten.
c) Um Artgenossen zuzuwinken.
d) Um sich mit Wasser zu bespritzen.

❷ Wie erlegt der Leopard seine Beute?
a) Er greift sie mit anderen Leoparden gemeinsam an.
b) Er erdrosselt seine Beute, indem er ihr mit den Zähnen die Kehle zudrückt.
c) Er springt sie an und bricht ihr das Genick.

❸ Was frisst die Giraffe am allerliebsten?
a) Akazienblätter
b) Kokosnüsse
c) Fische

❹ Wo nistet der Siedelweber?
a) Er baut sein Nest an steilen Felswänden, wo es sicher ist.
b) Er baut ein Hängenest in einem Baum.
c) Er baut sein Nest versteckt im Gras.

❺ Wie bewegt sich der Strauß fort?
a) Er rennt – und wird dabei bis zu 70 km/h schnell.
b) Er rennt – kann aber, wird er verfolgt, auch fliegen.
c) Er rennt – kann aber im Notfall auch schwimmen.

2 Bist du schon Experte?

Dann kannst du sicher die folgenden Fragen beantworten!

❻ Wieso sitzen Vögel auf dem Rücken des Nashorns?
a) Sie wollen mit dem Nashorn spielen.
b) Sie wollen sich auf seinem Rücken sonnen.
c) Sie picken Fliegen und Ungeziefer von seiner Haut.

3 Der Löwe ist ein majestätisches Tier.

Das Männchen wirkt mit seiner mächtigen Mähne sehr eindrucksvoll. Schon die alten Ägypter wussten das und haben den Pharao (König) oft als Löwenfigur mit einem menschlichen Kopf abgebildet. Bis heute steht der Löwe für Mut und Erhabenheit. Deshalb wählten Fürsten ihn auch gern als Wappentier. Kennst du vielleicht das Wappen von Hessen? Auch dort ist ein Löwe zu sehen. In Tierfabeln wird der Löwe oft „Nobel" genannt und hat ein edles Gemüt. In vielen Kulturen hat der Löwe hohes Ansehen. Er hat einen bestimmten Beinamen. Kennst du ihn? Du brauchst nur die blauen Buchstaben in die weißen Kästchen links zu schreiben.

○○○○○ ○○○ ○○○○○

4 Gnuwanderung

Die Gnuherde zieht in ein neues Weidegebiet. Zeige ihr den Weg, um ans Ziel zu kommen!

5 Wer bin ich?

Hier werden fleischfressende Tiere gesucht! Umlaute sind als zwei Buchstaben zu schreiben, das Ä wird zu AE, das Ö zu OE.

6 Richtig oder falsch?

Kannst du dir denken, welche dieser Aussagen richtig sind und welche falsch?

1. Bei Gefahr steckt der Vogel Strauß den Kopf in den Sand.
2. Im Disney-Film „König der Löwen“ schließt das Löwenjunge Simba Freundschaft mit einem Warzenschwein und einer Hyäne.
3. Flusspferde sind Pflanzenfresser, können dem Menschen aber sehr gefährlich werden.
4. Ein Bild des Malers Salvator Dalí heißt „Flamingos spiegeln Elefanten“.
5. Das Horn des Nashorns besteht aus Elfenbein, wie die Zähne der Elefanten.
6. Die Schwarze Mamba ist eine in Afrika lebende Giftschlange.
7. Im Jahr 1486 wurde dem Stadtherrn von Florenz, Lorenzo I. de’ Medici, eine Giraffe zum Geschenk gemacht.
8. Auch das Warzenschwein, der Tiger und der Schabrackenschakal sind in Afrika zu Hause.
9. Einen Leoparden mit schwarzem Fell nennt man „schwarzer Panther“.
10. Über den Serengeti-Nationalpark in Afrika wurde in den 1950er-Jahren ein Film gedreht, der einen Oscar bekommen hat.

7

Spuren

Verschiedene Tiere haben sich am Wasserloch aufgehalten. Kannst du erkennen, welche Spur die Gazelle hinterlassen hat? Und von welchen Tieren stammen die anderen Spuren?

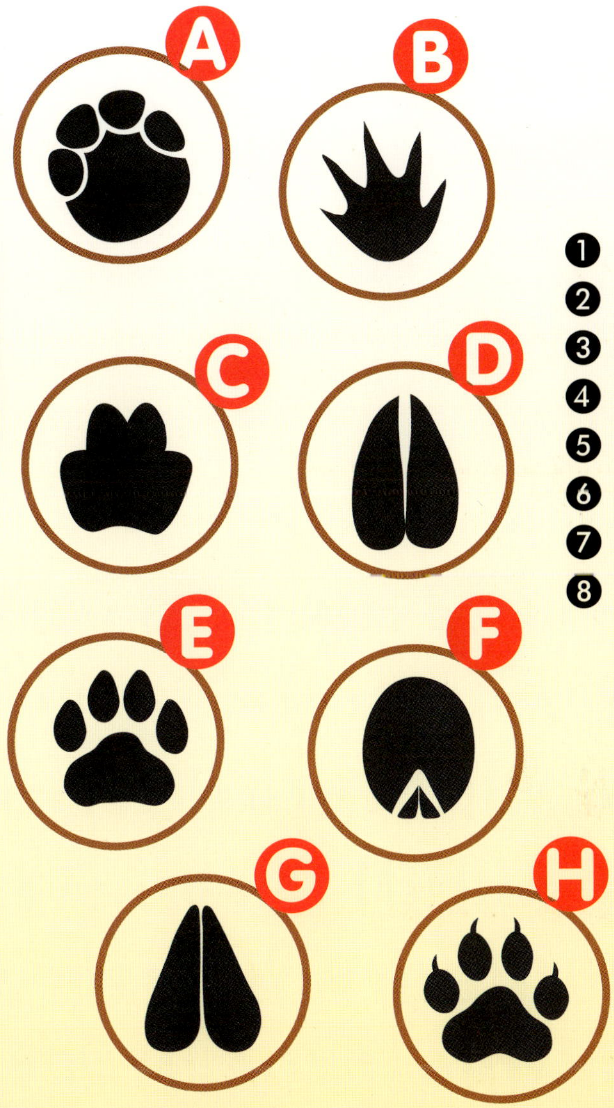

1. Gazelle
2. Löwe
3. Leopard
4. Krokodil
5. Giraffe
6. Zebra
7. Elefant
8. Flusspferd

8

Vögel Afrikas

Kannst du fünf afrikanische Vogelarten aus diesen Silben zusammenstellen?

BE – BER – BU – CHER – DEL – ER – GEI – HORN – LI – MA – RA – RA – SIE – STRAUSS – SÜD – WE

G ○○○○

M ○○○○○

S ○○○○○○○○○○

S ○○○○○○○○ H ○○○○○○○

S ○○○○○○

9 Kreuze die richtige Antwort an!

1

Flusspferde halten sich oft im Wasser auf,

Ⓐ weil sie dort Schutz vor der Sonne finden

Ⓑ weil sie dort ihre Nahrung finden

2

Die Giraffenkuh

Ⓐ bringt ihr Junges im Liegen auf die Welt

Ⓑ bringt ihr Junges im Stehen auf die Welt

3

Bei den Hyänen

Ⓐ ist das Weibchen dem Männchen untergeordnet

Ⓑ ist das Männchen dem Weibchen untergeordnet

4

Vor welchen Tieren müssen Zebras sich in Acht nehmen?

Ⓐ Vor Raubkatzen

Ⓑ Vor Elefanten

5

Warum begeben sich Gnus auf große Wanderungen?

Ⓐ Um Nahrung zu finden

Ⓑ Um gefährlichen Parasiten auszuweichen

6

Welche Raubkatze ist unschlagbar schnell?

Ⓐ Der Gepard

Ⓑ Der Leopard

7

Die Tragezeit von Elefantenkühen dauert

Ⓐ 9 Monate

Ⓑ 22 Monate

8

Warum sind Nashörner bedroht?

Ⓐ Sie fallen oft einer Seuche zum Opfer

Ⓑ Wilderer haben es auf ihr Horn abgesehen

9

Was steht auf dem Speiseplan von Nashörnern?

Ⓐ Gräser und Blätter

Ⓑ Kleinere Nagetiere

10

Der nackte Hals von Geier und Marabu ist typisch für

Ⓐ am Wasser lebende Vögel

Ⓑ aasfressende Vögel

Lösungen für das Quiz

Frage 1

- A Leopard
- B Elefant
- C Giraffe
- D Krokodil

Frage 2

1 a, b, d; 2 c; 3 a; 4 b; 5 a; 6 c

Frage 3

KÖNIG DER TIERE

Frage 4

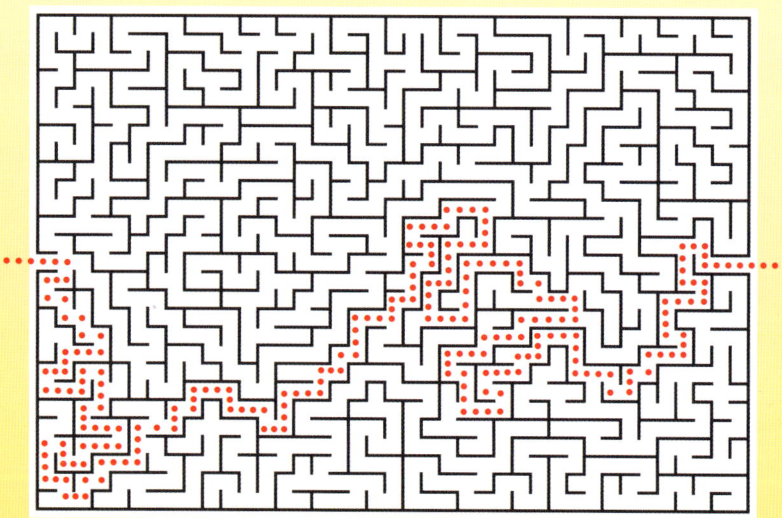

Frage 5

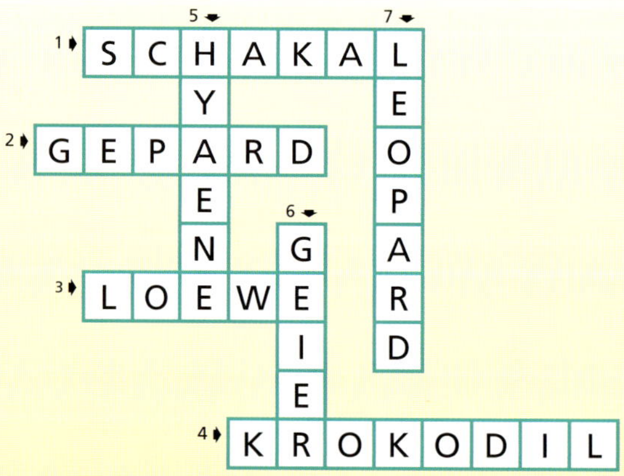

Frage 6

1. Falsch. Er sucht lieber das Weite. Brütende Strauße machen sich allerdings bei Gefahr so flach wie möglich. Vielleicht entstand dadurch der falsche Eindruck, dass sie den Kopf in den Sand stecken.
2. Falsch. Simba schließt Freundschaft mit einem Warzenschwein und einem Erdmännchen.
3. Richtig. Es kommt durchaus vor, dass Flusspferde, die sich gestört oder bedroht fühlen, ein Boot zerstören und die Menschen darin töten.
4. Falsch. Das Bild heißt: „Schwäne spiegeln Elefanten". Schau es dir mal an!
5. Falsch. Das Horn besteht aus dem Material „Keratin" – wie auch unsere Haare und Fingernägel.
6. Richtig. Und ihr Gift ist tödlich!
7. Richtig. Die Giraffe war das Geschenk eines ägyptischen Sultans. Sie starb aber schon kurze Zeit nach ihrer Ankunft in Florenz.
8. Falsch. Der Tiger lebt in Asien und kommt in Afrika nicht in freier Wildbahn vor. Die beiden anderen Tiere sind aber in Afrika zu Hause.
9. Richtig.
10. Richtig. Der deutsche Dokumentarfilm von Bernhard und Michael Grzimek wurde im Jahr 1959 gedreht.

Frage 7

- A Elefant
- B Krokodil
- C Flusspferd
- D Giraffe
- E Leopard
- F Zebra
- G Gazelle
- H Löwe

Frage 8

GEIER; MARABU; SIEDELWEBER; SÜDLICHER HORNRABE; STRAUSS

Frage 9

1 A; 2 B; 3 B; 4 A; 5 A; 6 A; 7 B; 8 B; 9 A; 10 B

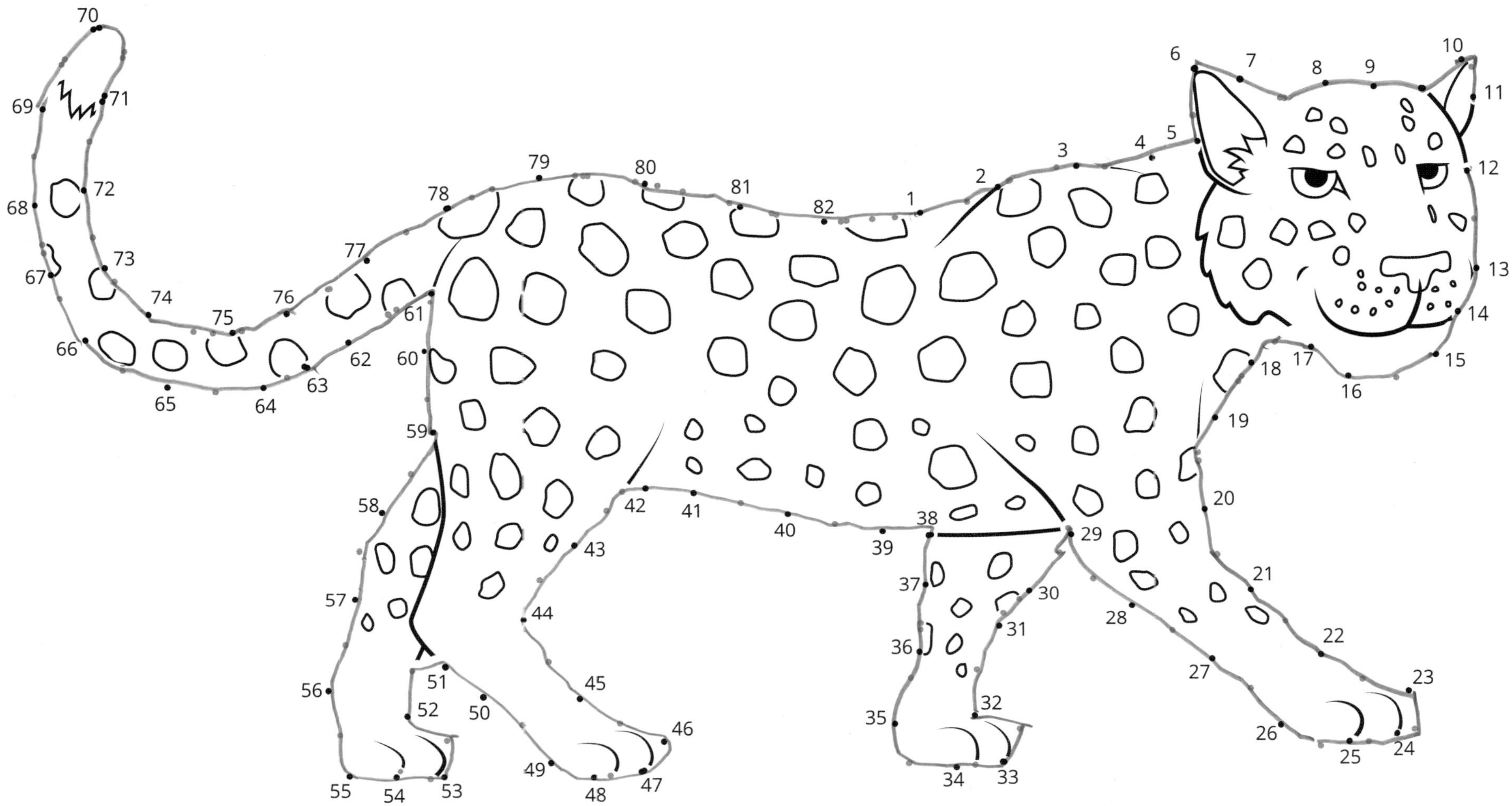
1
2
3
4
5
6
7
8
9
10
11
12
13
14
15
16
17
18
19
20
21
22
23
24
25
26
27
28
29
30
31
32
33
34
35
36
37
38
39
40
41
42
43
44
45
46
47
48
49
50
51
52
53
54
55
56
57
58
59
60
61
62
63
64
65
66
67
68
69
70
71
72
73
74
75
76
77
78
79
80
81
82

Klebe die Sticker von diesem Bogen auf die passenden Bilder von Seite 28 und 29!